Impressum
Verlag: BABADADA GmbH, Nedderfeld 112 , 22529 Hamburg
Geschäftsführer / Verlagsleitung: Harald Hof
Druck: Books on Demand GmbH, In de Tarpen 42, 22848 Norderstedt

Imprint
Publisher: BABADADA GmbH, Nedderfeld 112 , 22529 Hamburg, Germany
Managing Director / Publishing direction: Harald Hof
Print: Books on Demand GmbH, In de Tarpen 42, 22848 Norderstedt

el colegio
iskola

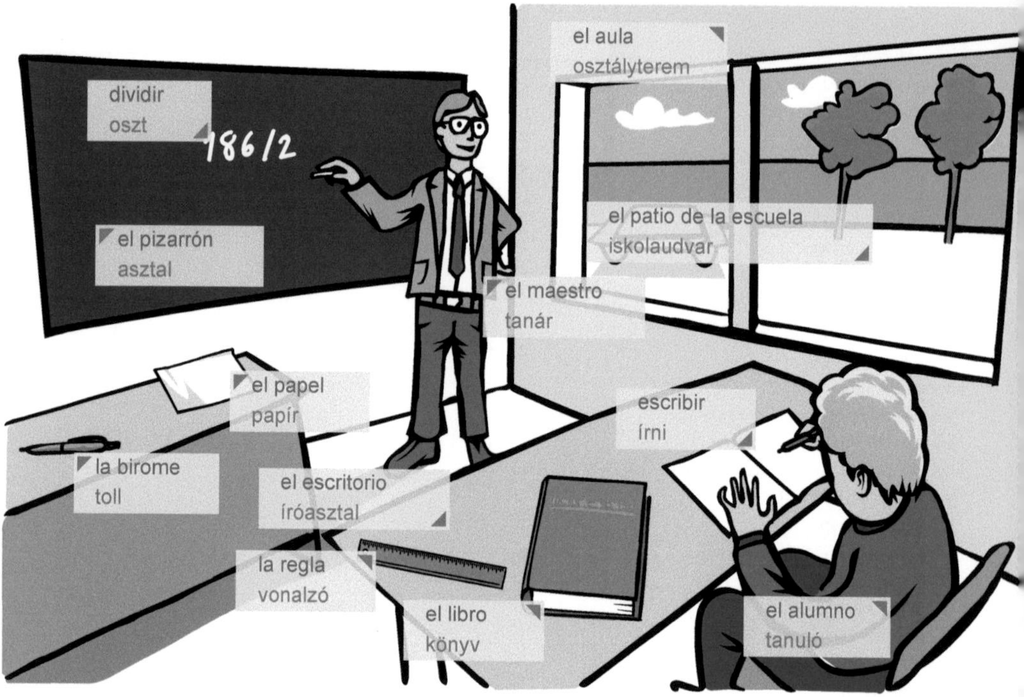

el aula
osztályterem
dividir
oszt
186/2
el pizarrón
asztal
el patio de la escuela
iskolaudvar
el maestro
tanár
el papel
papír
escribir
írni
la birome
toll
el escritorio
íróasztal
la regla
vonalzó
el libro
könyv
el alumno
tanuló

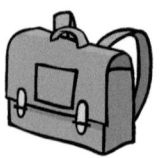

la mochila
iskolatáska

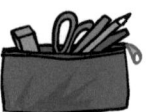

la caja de lápices
tolltartó

el lápiz
ceruza

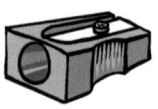

el sacapuntas
ceruzahegyező

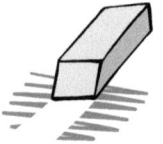

la goma (de borrar)
radír

el bloc de dibujo
rajzfüzet

el dibujo
rajz

el pincel
ecset

la caja de pinturas
festökészlet

la tijera
olló

el pegamento
ragasztó

el cuaderno de ejercicios
munkafüzet

la tarea
házi feladat

el número
szám

sumar
összead

restar
kivon

multiplicar
szoroz

calcular
számol

la letra
betű

el abecedario
ABC

la palabra
szó

el texto

szöveg

leer

olvasni

la tiza

kréta

la lección

tanóra

el cuaderno de clase

napló

el examen

vizsga

el certificado

bizonyítvány

el uniforme escolar

iskolai egyenruha

la educación

oktatás

la enciclopedia

enciklopédia

la universidad

egyetem

el microscopio

mikroszkóp

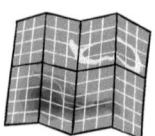

el mapa

térkép

el tacho (de basura)

papír-hulladék gyűjtő

el viaje
utazás

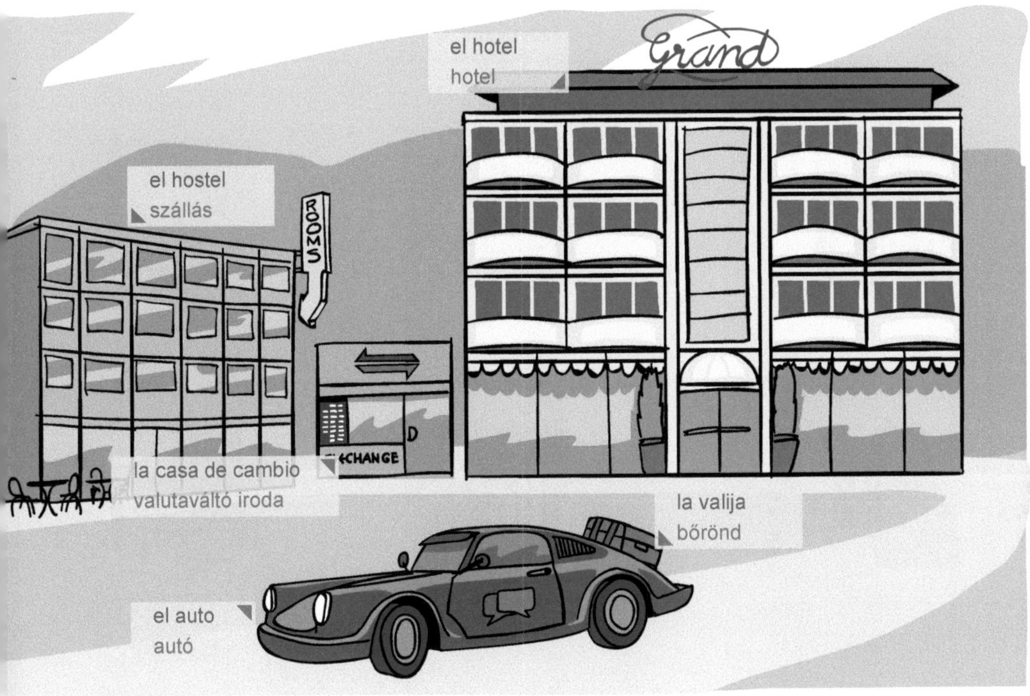
el hotel
hotel
Grand
el hostel
szállás
ROOMS
la casa de cambio
valutaváltó iroda
EXCHANGE
la valija
bőrönd
el auto
autó

el idioma

nyelv

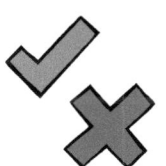

sí / no

igen/nem

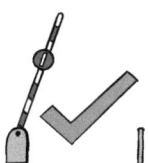

Está bien

rendben

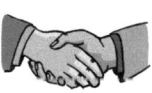

hola

szia

el traductor

fordító

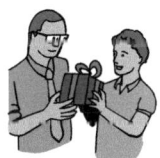

Gracias

köszönöm

¿cuánto cuesta…?

mennyibe kerül…?

No entiendo

nem értem

el problema

probléma

¡Buenas tardes!

Jó estét!

¡Buenos días!

jó reggelt!

¡Buenas noches!

jó éjszakát!

el adiós

viszontlátásra

la dirección

útirány

el equipaje

poggyász

el bolso

táska

la mochila

hátizsák

el invitado

vendég

la habitación

szoba

la bolsa de dormir

hálózsák

la carpa

sátor

el viaje - utazás

la información turística

turista információ

la playa

strand

la tarjeta de crédito

hitelkártya

el desayuno

reggeli

el almuerzo

ebéd

la cena

vacsora

el pasaje

jegy

el ascensor

lift

el sello

bélyeg

la frontera

határ

la aduana

vám

la embajada

nagykövetség

la visa

vízum

el pasaporte

útlevél

el transporte
közlekedés

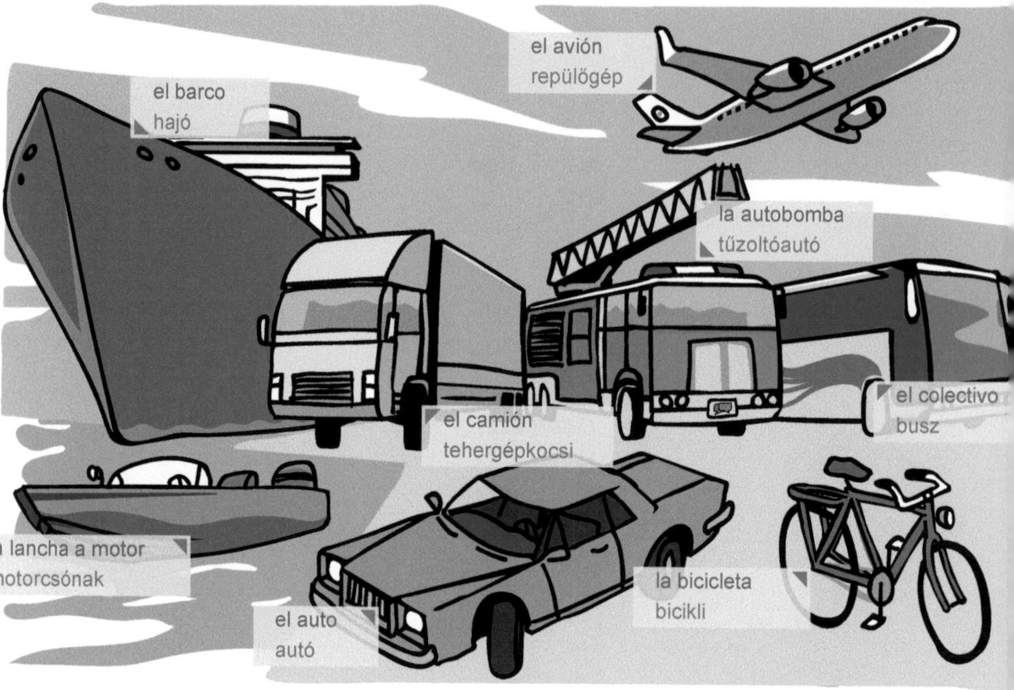
el avión
repülőgép
el barco
hajó
la autobomba
tűzoltóautó
el colectivo
busz
el camión
tehergépkocsi
la lancha a motor
motorcsónak
la bicicleta
bicikli
el auto
autó

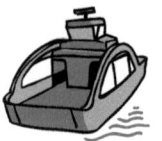

el ferry

komp

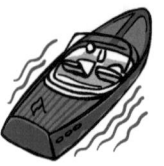

el bote

csónak

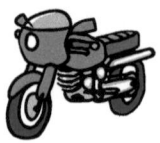

la moto

motorkerékpár

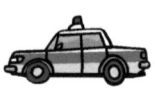

el patrullero

rendőrautó

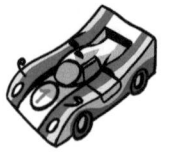

el auto de carreras

versenyautó

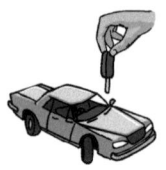

el auto de alquiler

bérautó

el alquiler de autos

telekocsi

la grúa

vontató

el camión de la basura

szemetes autó

el motor

motor

la nafta

üzemanyag

la estación de servicio

benzinkút

la señal de tránsito

közlekedési tábla

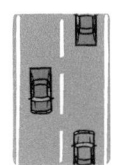

el tránsito

forgalom

el embotellamiento

forgalmi dugó

el estacionamiento

parkoló

la estación de tren

vonatállomás

las vías

sínek

el tren

vonat

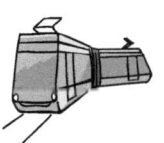

el tranvía

villamos

el vagón

vagon

el transporte - közlekedés

9

el helicóptero

helikopter

el aeropuerto

repülőtér

la torre

torony

el pasajero

utas

el contenedor

konténer

la caja de cartón

kartondoboz

la carretilla

taliga

la canasta

kosár

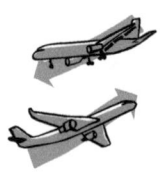

despegar / aterrizar

felszáll / leszáll

la ciudad
város

el pueblo

falu

el centro de la ciudad

városközpont

la casa

ház

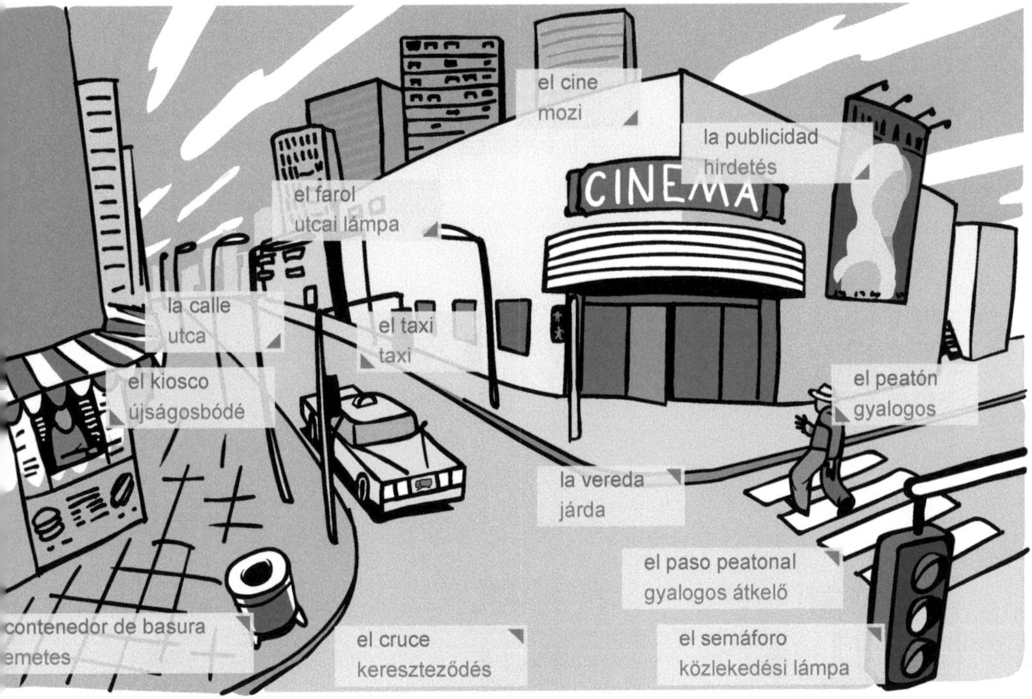

el cine
mozi

la publicidad
hirdetés

CINEMA

el farol
utcai lámpa

la calle
utca

el taxi
taxi

el kiosco
újságosbódé

el peatón
gyalogos

la vereda
járda

el paso peatonal
gyalogos átkelő

contenedor de basura
emetes

el cruce
kereszteződés

el semáforo
közlekedési lámpa

la cabaña
....
kunyhó

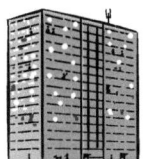

el departamento
....
lakás

la estación de tren
....
vonatállomás

la municipalidad
....
városháza

el museo
....
múzeum

el colegio
....
iskola

la universidad

egyetem

el banco

bank

el hospital

kórház

el hotel

hotel

la farmacia

gyógyszertár

la oficina

iroda

la librería

könyvesbolt

el negocio

üzlet

la florería

virágüzlet

el supermercado

szupermarket

el mercado

piac

las grandes tiendas

áruház

la pescadería

halárus

el centro comercial

bevásárló központ

el puerto

kikötő

el parque
park

el banco
pad

el puente
híd

las escaleras
lépcső

el subte
metró

el túnel
alagút

la parada del colectivo
buszmegálló

el bar
bár

el restaurante
étterem

el buzón
postaláda

el letrero
utcatábla

el parquímetro
parkoló óra

el zoológico
állatkert

la pileta
uszoda

la mezquita
mecset

la granja

gazdálkodás

la contaminación

környezetszennyezés

el cementerio

temető

la iglesia

templom

los juegos infantiles

játszótér

el templo

szentély

el paisaje
táj

la hoja
levél

el poste indicador
útjelző tábla

el camino
út

la pradera
rét

la piedra
kő

el excursionista
túrázó

el árbol
fa

el río
folyó

la hierba
fű

la flor
virág

el valle

völgy

la montaña

domb

el lago

tó

el bosque

erdő

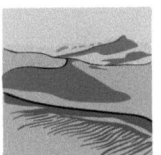

el desierto

sivatag

el volcán

vulkán

el castillo

kastély

el arco iris

szivárvány

el champiñón

gomba

la palmera

pálmafa

el mosquito

szúnyog

la mosca

légy

la hormiga

hangya

la abeja

méhecske

la araña

pók

el paisaje - táj

15

el escarabajo

bogár

la rana

béka

la ardilla

mókus

el erizo

sündisznó

la liebre

nyúl

la lechuza

bagoly

el pájaro

madár

el cisne

hattyú

el jabalí

vaddisznó

el ciervo

szarvas

el alce

rénszarvas

la presa

gát

el aerogenerador

szélturbina

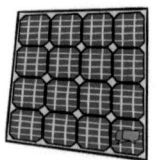

el panel solar

napelem

el clima

éghajlat

el restaurante
étterem

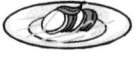

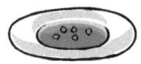

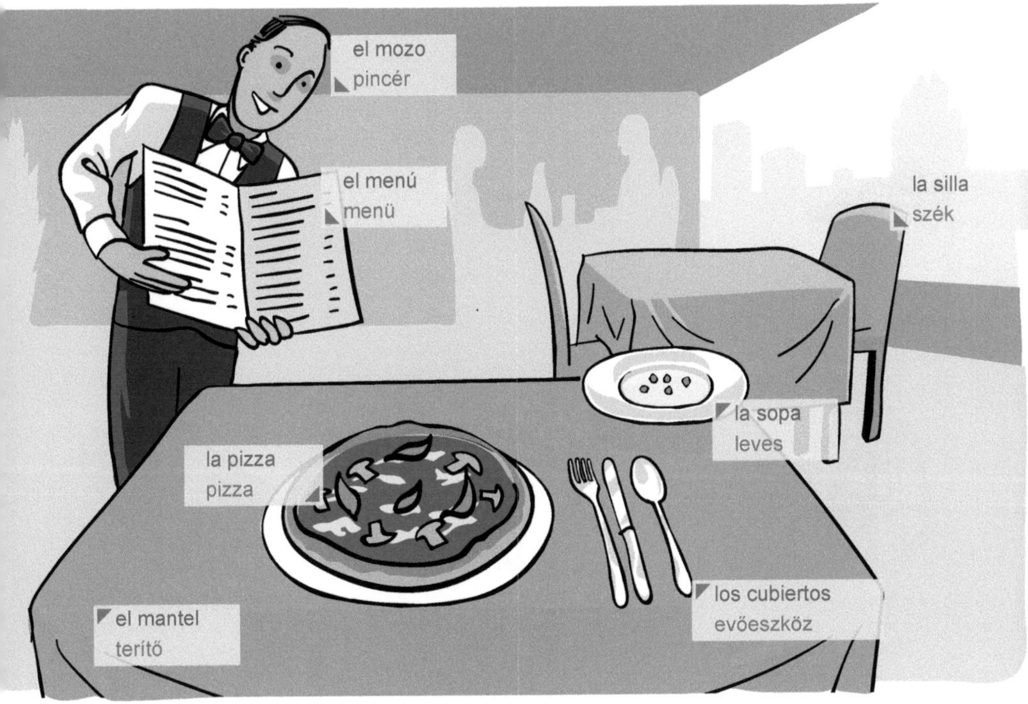

el mozo
pincér
el menú
menü
la silla
szék
la sopa
leves
la pizza
pizza
los cubiertos
evőeszköz
el mantel
terítő

la entrada

előétel

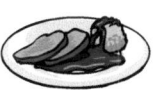

el plato principal

főétel

el postre

desszert

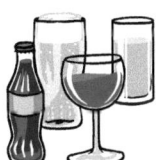

las bebidas

italok

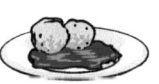

la comida

étel

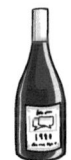

la botella

üveg

la comida rápida

gyorsétel

la comida callejera

gyorsétel

la tetera

teás kanna

la azucarera

cukortartó

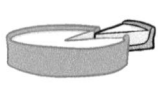

la porción

adag

la cafetera expreso

eszpresszógép

la sillita alta

bárszék

la cuenta

számla

la bandeja

tálca

el cuchillo

kés

el tenedor

villa

la cuchara

kanál

la cucharita

teáskanál

la servilleta

szalvéta

el vaso

pohár

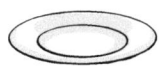

el plato

tányér

el plato hondo

leveses tányér

el plato

csészealj

la salsa

szósz

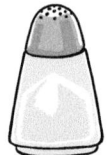

el salero

sószóró

el molinillo de pimienta

borsőrlő

el vinagre

ecet

el aceite

étkezési olaj

las especias

fűszerek

el kétchup

ketchup

la mostaza

mustár

la mayonesa

majonéz

el supermercado
szupermarket

la oferta especial
különleges ajánlat
FOR
el cliente
ügyfél
los lácteos
tejtermék
la fruta
gyümölcsök
el changuito
bevásárló kocsi

BUTCHERS

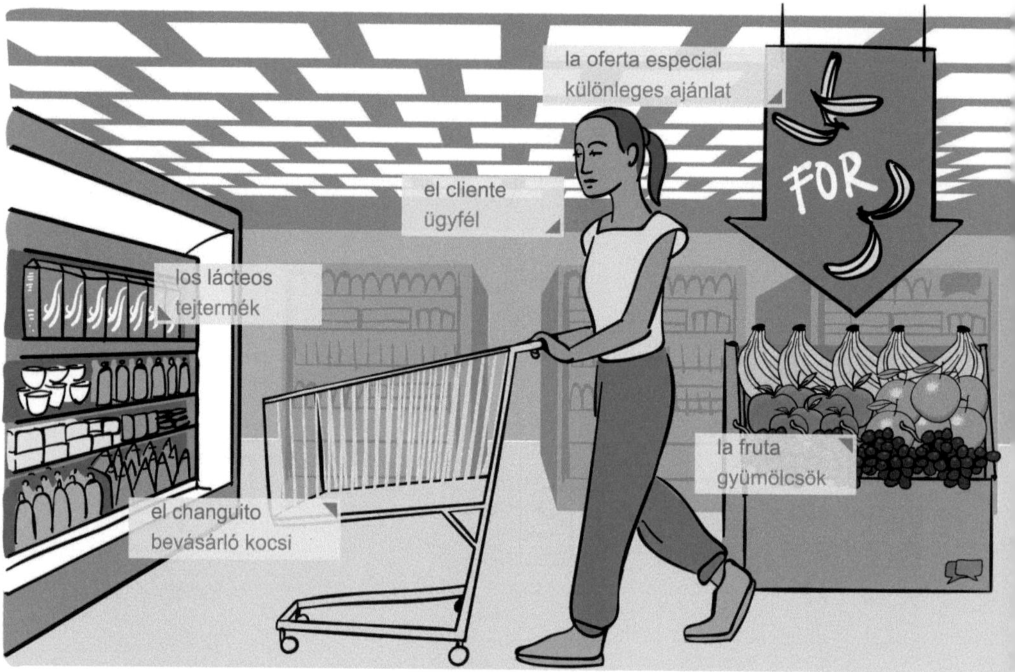

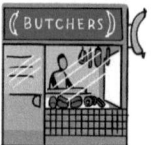

la carnicería

hentes

BAKERY

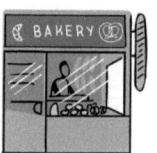

la panadería

pékség

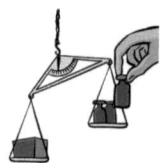

pesar

nyom valamennyit

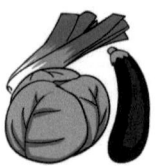

las verduras

zöldség

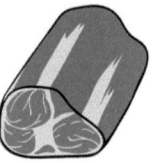

la carne

hús

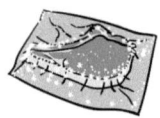

los alimentos congelados

fagyasztott áru

los fiambres

felvágott

los alimentos enlatados

konzerv

el detergente en polvo

mosópor

las golosinas

édességek

los electrodomésticos

háztartási termék

los productos de limpieza

tisztítószerek

la vendedora

eladó

la caja

pénztárgép

el cajero

eladó

la lista de compras

bevásárló lista

el horario de atención

nyitva tartás

la billetera

levéltárca

la tarjeta de crédito

hitelkártya

la cartera

zacskó

la bolsa de plástico

müanyag zacskó

el supermercado - szupermarket

el agua

víz

el jugo

gyümölcslé

la leche

tej

la bebida cola

kóla

el vino

bor

la cerveza

sör

el alcohol

alkohol

el cacao

kakaó

el té

tea

el café

kávé

el café expreso

eszpresszó

el cappuccino

kapucsínó

la banana

banán

la manzana

alma

la naranja

narancs

el melón

sárgadinnye

el limón

citrom

la zanahoria

sárgarépa

el ajo

fokhagyma

el bambú

bambusz

la cebolla

hagyma

el champiñón

gomba

las nueces

magvak

los fideos

nokedli

los tallarines

spagetti

el arroz

rizs

la ensalada

saláta

las papas fritas

sült krumpli

las papas fritas

sült burgonya

la pizza

pizza

la hamburguesa

hamburger

el sándwich

szendvics

el churrasco

hússzelet

el jamón

sonka

el salame

szalámi

la salchicha

kolbász

el pollo

csirke

el asado

pecsenye

el pescado

hal

los copos de avena

zabkása

el muesli

müzli

los copos de maíz

kukoricapehely

la harina

liszt

la medialuna

croissant

el pancito

zsemle

el pan

kenyér

la tostada

pirítós kenyér

las galletitas

keksz

la manteca

vaj

la cuajada

túró

la torta

sütemény

el huevo

tojás

el huevo frito

tükörtojás

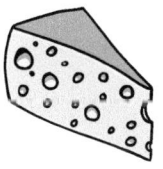

el queso

sajt

la comida - étel

el helado

jégkrém

el azúcar

cukor

la miel

méz

la mermelada

lekvár

la pasta de chocolate

mogyorókrém

el curry

curry

la granja
gazdálkodás

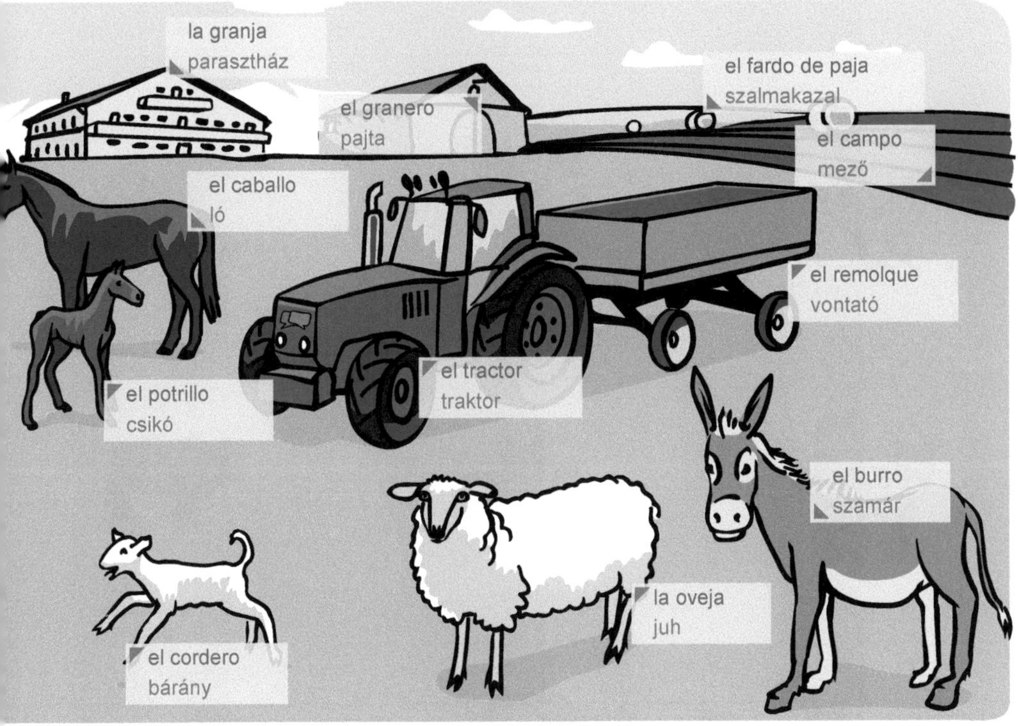
la granja
parasztház
el granero
pajta
el fardo de paja
szalmakazal
el campo
mező
el caballo
ló
el remolque
vontató
el tractor
traktor
el potrillo
csikó
el burro
szamár
la oveja
juh
el cordero
bárány

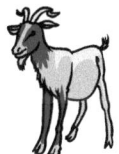

la cabra

kecske

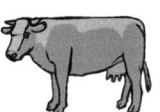

la vaca

tehén

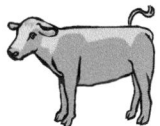

el ternero

borjú

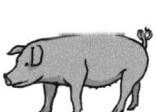

el cerdo

malac

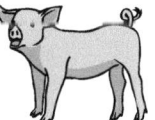

el lechón

kismalac

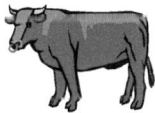

el toro

bika

el ganso

liba

el pato

kacsa

el pollo

csibe

la gallina

tojó

el gallo

kakas

la rata

patkány

el gato

macska

el ratón

egér

el buey

ökör

el perro

kutya

la cucha

kutyaház

la manguera

kerti öntözőcső

la regadera

öntözőkanna

la guadaña

kasza

el arado

eke

la hoz

sarló

la azada

kapa

la horquilla

vasvilla

el hacha

fejsze

la carretilla

talicska

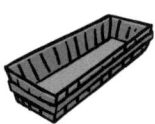

el abrevadero

teknő

la lechera

tejes kancsó

la bolsa

zsák

la reja

kerítés

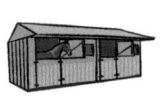

el establo

istálló

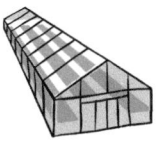

el invernadero

üvegház

el suelo

talaj

la semilla

vetőmag

el fertilizador

trágya

la cosechadora

cséplőgép

la granja - gazdálkodás

29

cosechar

szüretelni

la cosecha

betakarítás

las batatas

yamgyökér

el trigo

búza

la soja

szója

la papa

burgonya

el maíz

kukorica

la semilla de colza

repcemag

el árbol frutal

gyümölcsfa

la mandioca

manióka

los cereales

gabona

la casa
ház

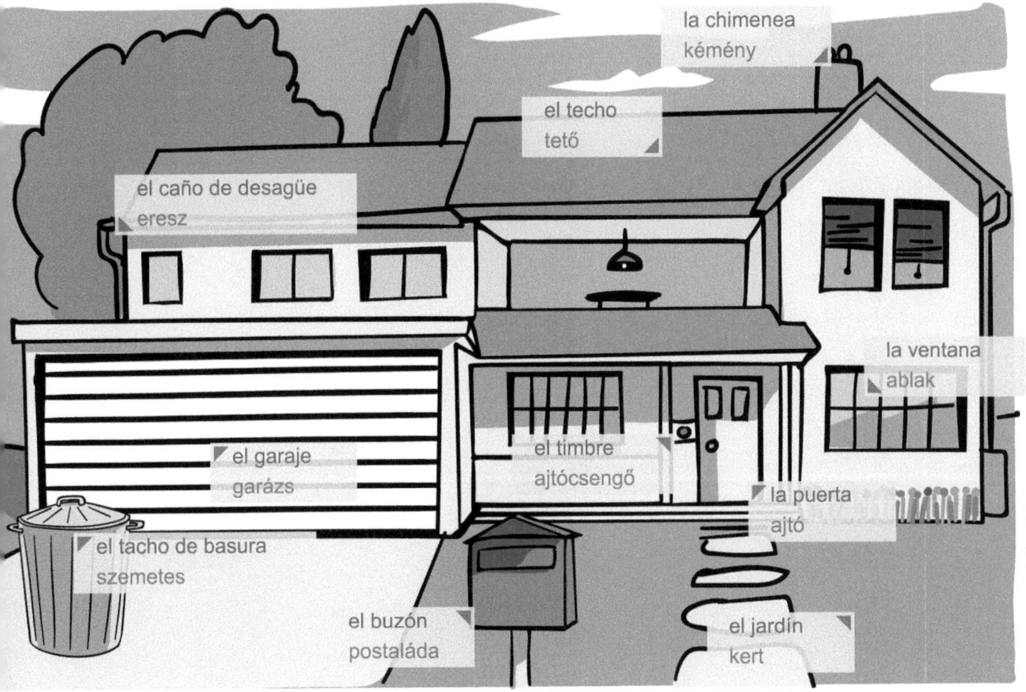
la chimenea
kémény
el techo
tető
el caño de desagüe
eresz
la ventana
ablak
el timbre
ajtócsengő
el garaje
garázs
la puerta
ajtó
el tacho de basura
szemetes
el buzón
postaláda
el jardín
kert

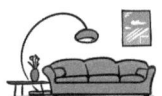

el living

nappali

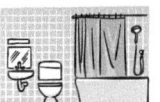

el baño

fürdőszoba

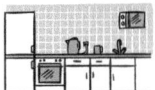

la cocina

konyha

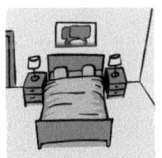

el dormitorio

hálószoba

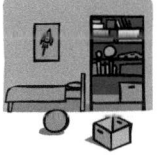

el cuarto de los chicos

gyerekszoba

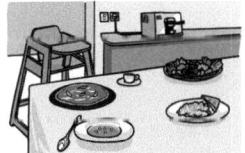

el comedor

ebédlő

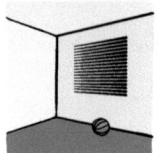

el piso
padló

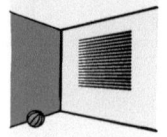

la pared
fal

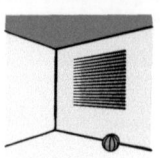

el cielorraso
plafon

el sótano
pince

el sauna
szauna

el balcón
erkély

la terraza
terasz

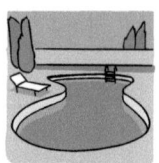

la pileta
medence

la cortadora de pasto
fűnyíró

la sábana
lepedő

el acolchado
ágytakaró

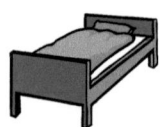

la cama
ágy

la escoba
seprű

el balde
vödör

el interruptor
kapcsoló

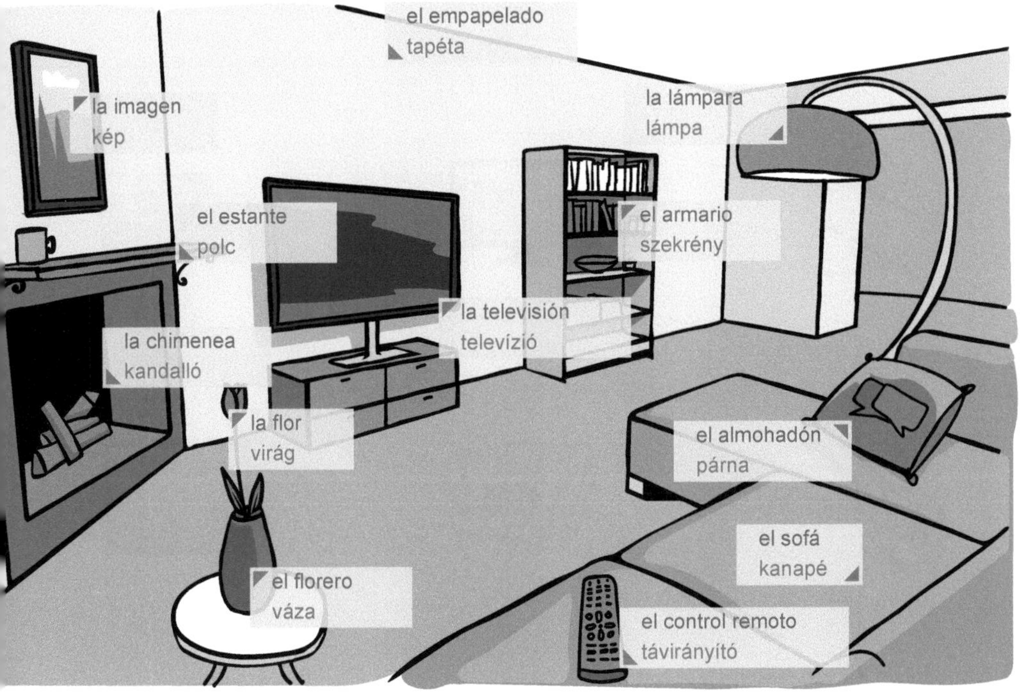

el empapelado
tapéta

la imagen
kép

la lámpara
lámpa

el estante
polc

el armario
szekrény

la chimenea
kandalló

la televisión
televízió

la flor
virág

el almohadón
párna

el sofá
kanapé

el florero
váza

el control remoto
távirányító

la alfombra
szőnyeg

la cortina
függöny

la mesa
asztal

la silla
szék

la mecedora
hintaszék

el sillón
karosszék

el libro

könyv

la frazada

takaró

la decoración

dekoráció

la leña

tűzifa

la película

film

el equipo de música

hifi

la llave

kulcs

el diario

újság

la pintura

festmény

el póster

poszter

la radio

rádió

el cuaderno

jegyzetfüzet

la aspiradora

porszívó

el cactus

kaktusz

la vela

gyertya

la cocina
konyha

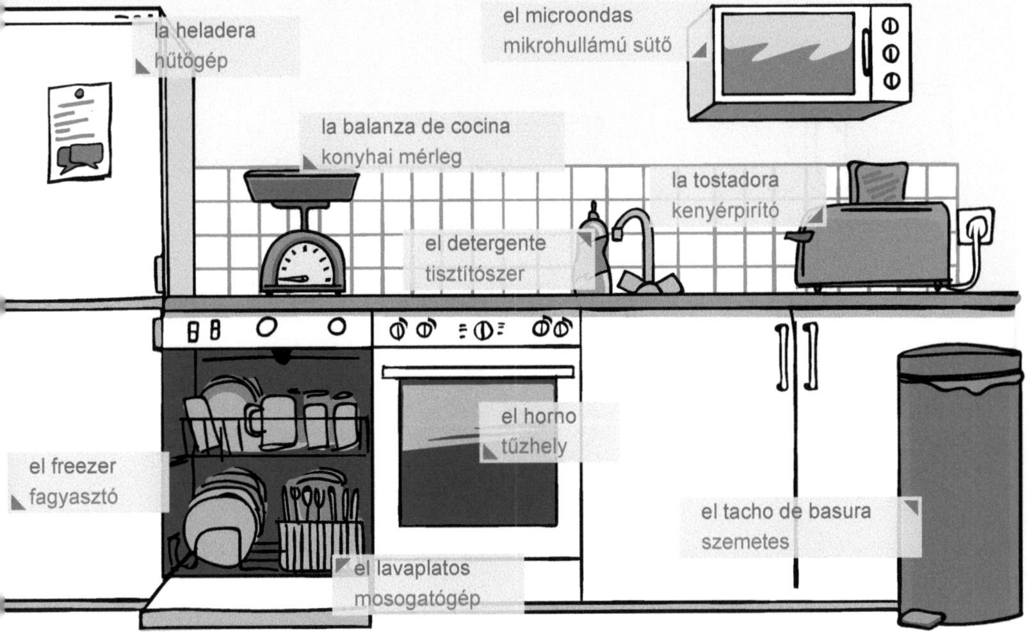

la heladera
hűtőgép
el microondas
mikrohullámú sütő
la balanza de cocina
konyhai mérleg
la tostadora
kenyérpirító
el detergente
tisztítószer
el horno
tűzhely
el freezer
fagyasztó
el tacho de basura
szemetes
el lavaplatos
mosogatógép

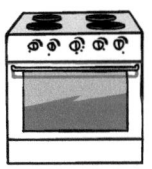

la cocina
tűzhely

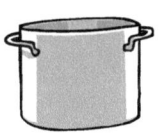

la olla
edény

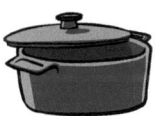

la olla de hierro fundido
vasfazék

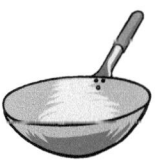

el wok
wok / kadai

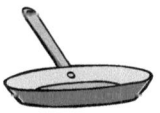

la sartén
serpenyő

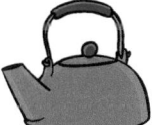

la pava
vízforraló

la vaporera

pároló

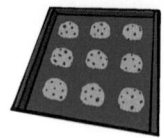

la bandeja de horno

tepsi

la vajilla

étkészlet

la taza

bögre

el bol

tálka

los palitos

evőpálcika

el cucharón

merőkanál

la espátula

keverőlapátka

la batidora

habverő

el colador

szűrő

el colador

szita

el rallador

reszelő

el mortero

mozsár

la parrilla

grillsütő

la fogata

kandalló

la cocina - konyha

la tabla de picar

vágódeszka

el palo de amasar

sodrófa

el sacacorchos

dugóhúzó

la lata

doboz

el abrelatas

konzervnyitó

la manopla

edényfogó

la pileta

mosogató

el cepillo

kefe

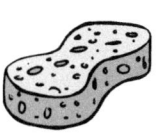

la esponja

szivacs

la batidora

turmixgép

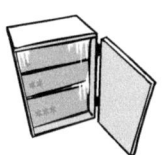

el congelador

mélyhűtő

la mamadera

cumisüveg

la canilla

csap

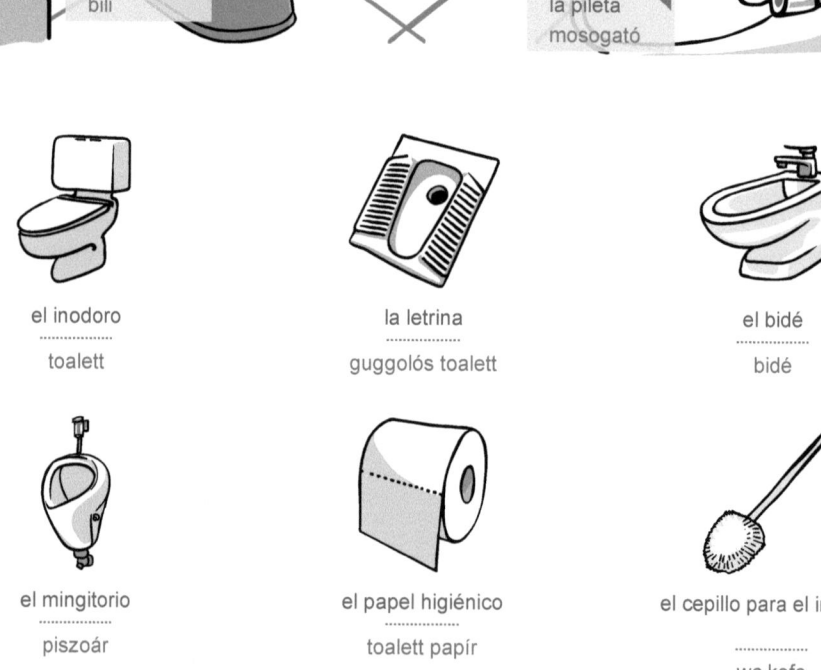

el baño

fürdőszoba

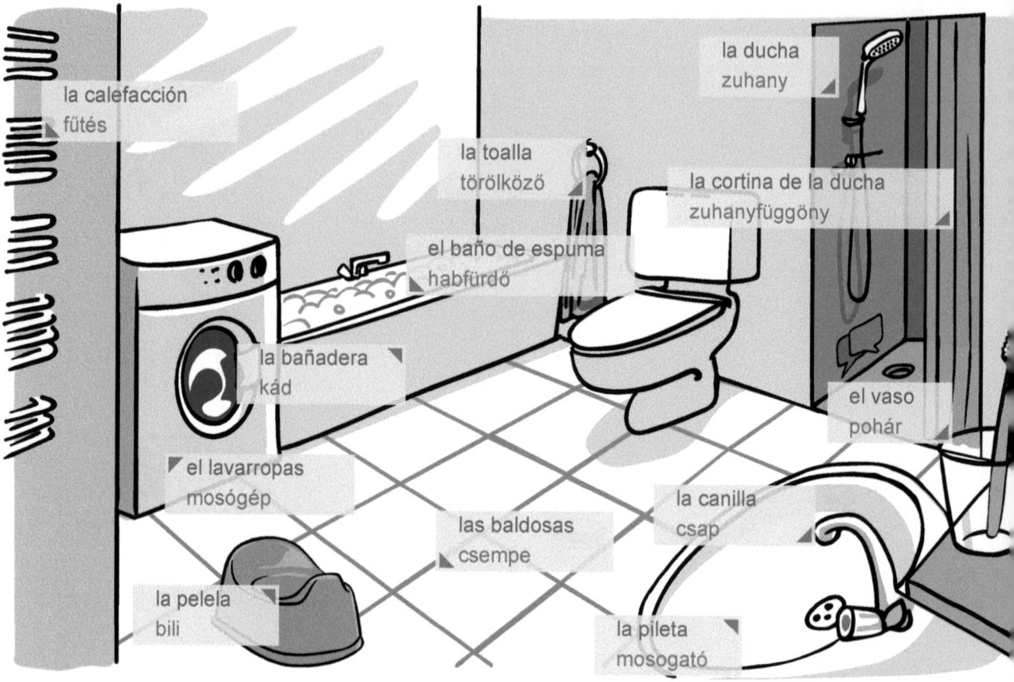
la calefacción
fűtés
la toalla
törölköző
la ducha
zuhany
la cortina de la ducha
zuhanyfüggöny
el baño de espuma
habfürdő
la bañadera
kád
el vaso
pohár
el lavarropas
mosógép
las baldosas
csempe
la canilla
csap
la pelela
bili
la pileta
mosogató

el inodoro

toalett

la letrina

guggolós toalett

el bidé

bidé

el mingitorio

piszoár

el papel higiénico

toalett papír

el cepillo para el inodoro

wc kefe

el cepillo de dientes

fogkefe

el dentífrico

fogkrém

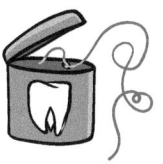

el hilo dental

fogselyem

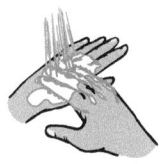

lavar

mosni

la ducha de mano

kézi zuhany

la ducha higiénica

intimzuhany

la palangana

mosdótál

el cepillo para la espalda

hátmosó kefe

el jabón

szappan

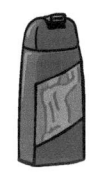

el gel de ducha

tusfürdő

el shampoo

sampon

la toallita

mosdókesztyű

el desagüe

lefolyó

la crema

krém

el desodorante

dezodor

el baño - fürdőszoba

el espejo

tükör

el espejito

kézitükör

la maquinita de afeitar

borotva

la espuma de afeitar

borotvahab

el aftershave

borotválkozás utáni
arcszesz

el peine

fésü

el cepillo

hajkefe

el secador de pelo

hajszárító

el spray

hajlakk

el maquillaje

smink

el lápiz de labios

ajakrúzs

el esmalte para uñas

körömlakk

el algodón

vatta

la tijera para uñas

körömvágó olló

el perfume

parfüm

el portacosméticos

neszesszer

la banqueta

sámli

la balanza

mérleg

la bata

köntös

los guantes de goma

gumikesztyű

el tampón

tampon

la toallita femenina

egészségügyi betét

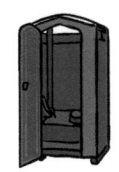

el baño químico

vegyi WC

el cuarto de los chicos

gyerekszoba

el despertador
ébresztő óra
el peluche
plüssállat
el coche de juguete
játékautó
el sonajero
csörgő
la casa de muñecas
babaház
el regalo
ajándék

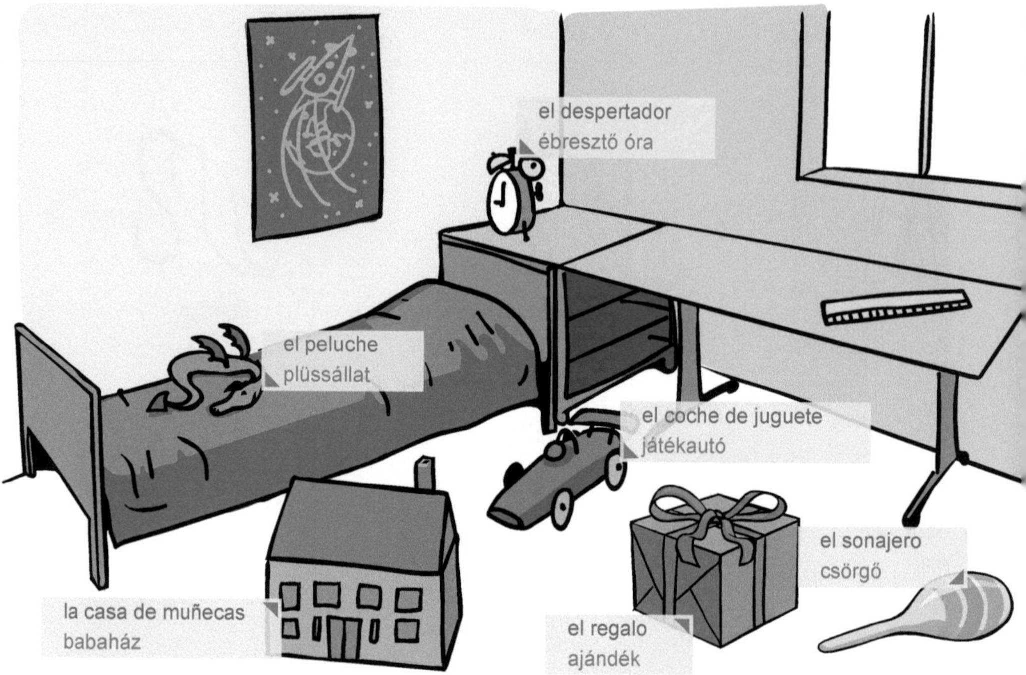

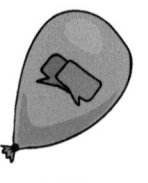

el globo

lufi

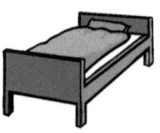

la cama

ágy

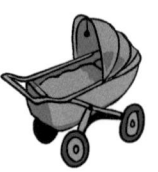

el cochecito

babakocsi

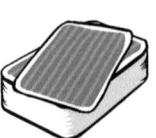

las cartas

kártyapakli

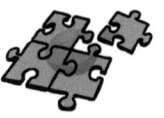

el rompecabezas

kirakós játék

la historieta

képregény

las piezas de lego

építőkockák

los ladrillos de juguete

építőelem

la figura de acción

szuperhős

el enterito (de bebé)

rugdalózó

el frisbee

frizbi

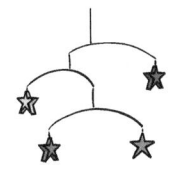

el móvil para bebés

zenélő forgó

el juego de mesa

társasjáték

los dados

kocka

el tren eléctrico

modellvasút

el chupete

cumi

la fiesta

zsúr

el libro de cuentos ilustrado

képeskönyv

la pelota

labda

la muñeca

baba

jugar

játszani

el arenero

homokozó

la hamaca

hinta

los juguetes

játékok

la consola de videojuegos

videójáték konzol

el triciclo

tricikli

el osito de peluche

teddi maci

el armario

ruhásszekrény

la ropa

ruházat

las medias

zokni

las medias panty

harisnya

las calzas

harisnyanadrág

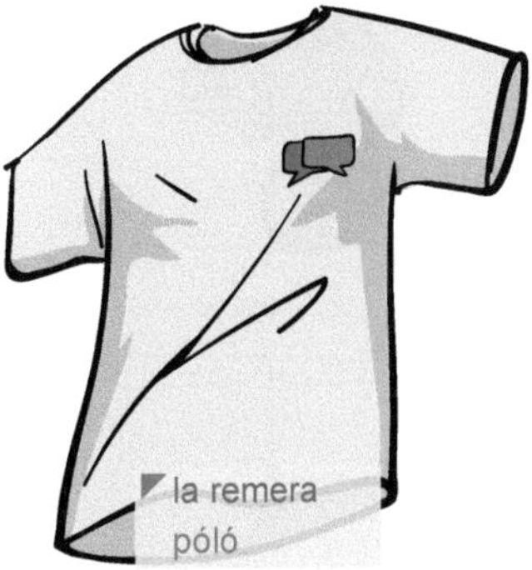

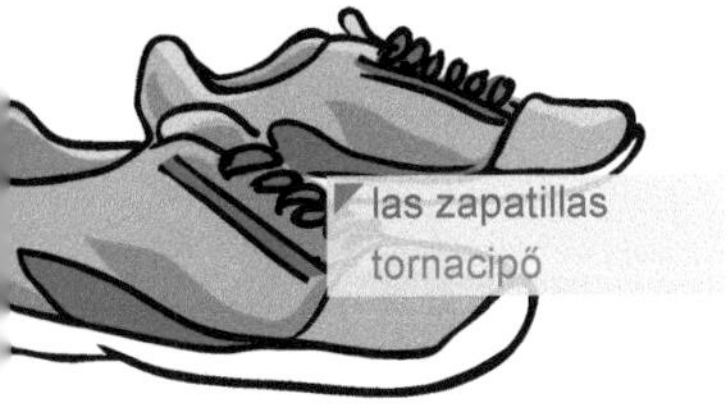

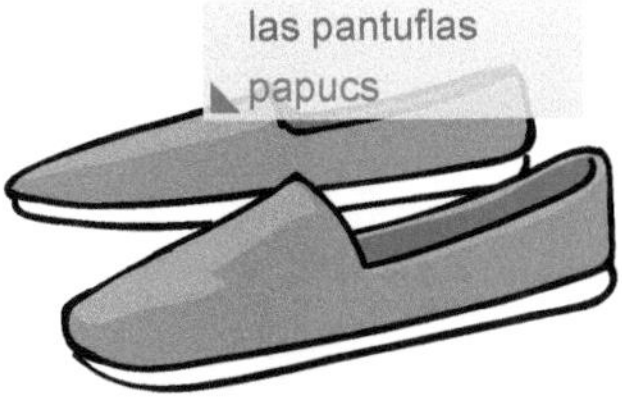

la bufanda
sál

el cinturón
öv

el paraguas
esernyő

la remera
póló

las botas
csizma

las pantuflas
papucs

las zapatillas
tornacipő

las sandalias
szandál

los zapatos
cipő

las botas de goma
gumicsizma

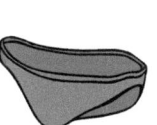

la ropa interior
alsónadrág

el corpiño
melltartó

el chaleco
mellény

la ropa - ruházat

el body

body

los pantalones

nadrág

los jeans

farmer

la pollera

szoknya

la blusa

blúz

la camisa

ing

el pulóver

pulóver

el buzo

kapucnis pulóver

el blazer

blézer

la campera

dzseki

el tapado

kabát

el piloto

esőkabát

el traje

kosztüm

el vestido

ruha

el vestido de novia

esküvői ruha

el traje

öltöny

el camisón

hálóing

el pijama

pizsama

el sari

szári

el pañuelo para la cabeza

fejkendő

el turbante

turbán

la burka

burka

el caftán

kaftán

la abaya

abaya

el traje de baño

fürdőruha

el short de baño

fürdőnadrág

los shorts

rövidnadrág

el jogging

tréningruha

el delantal

kötény

los guantes

kesztyű

la ropa - ruházat

el botón

gomb

los anteojos

szemüveg

la pulsera

karkötő

el collar

nyaklánc

el anillo

gyűrű

el aro

fülbevaló

la gorra

sapka

la percha

vállfa

el sombrero

kalap

la corbata

nyakkendő

el cierre

cipzár

el casco

bukósisak

los tiradores

nadrágtartó

el uniforme escolar

iskolai egyenruha

el uniforme

egyenruha

el babero
előke

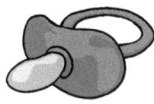

el chupete
cumi

el pañal
pelenka

la oficina
iroda

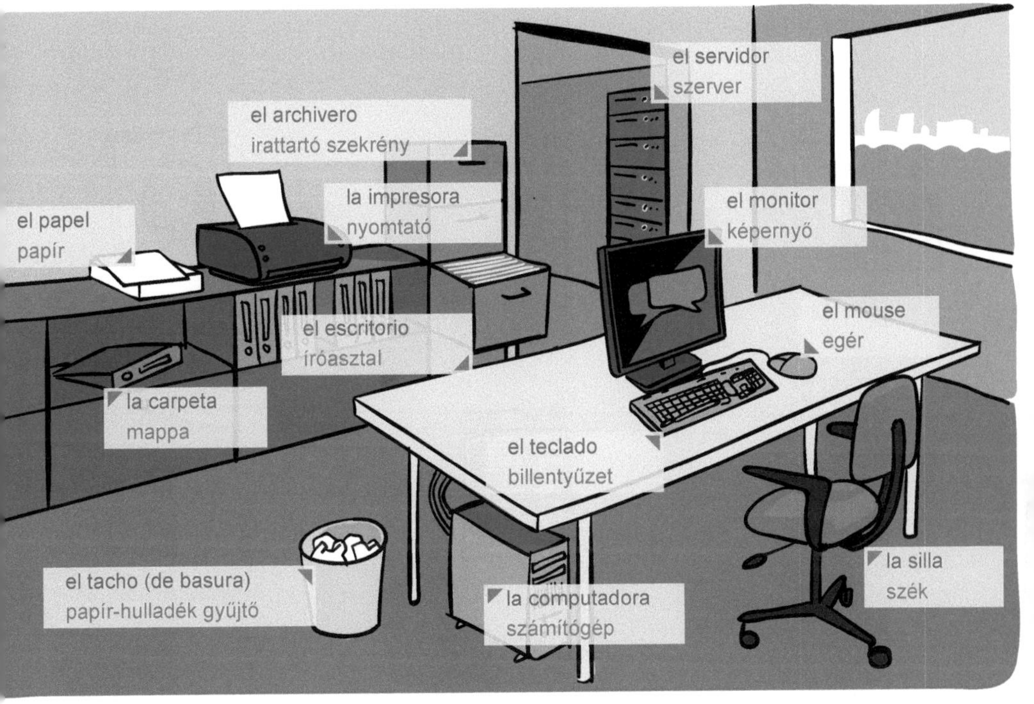

el servidor
szerver

el archivero
irattartó szekrény

la impresora
nyomtató

el monitor
képernyő

el papel
papír

el mouse
egér

el escritorio
íróasztal

la carpeta
mappa

el teclado
billentyűzet

el tacho (de basura)
papír-hulladék gyűjtő

la computadora
számítógép

la silla
szék

la taza de café
kávéscsésze

la calculadora
számológép

el internet
internet

la laptop

laptop

la carta

levél

el mensaje

üzenet

el celular

mobiltelefon

la red

hálózat

la fotocopiadora

fénymásoló

el software

szoftver

el teléfono

telefon

el tomacorriente

konnektor

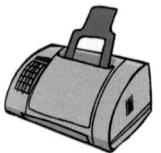

el fax

faxgép

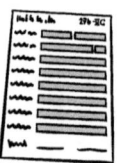

el formulario

formanyomtatvány

el documento

dokumentum

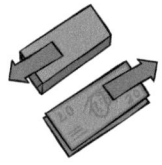

comprar

venni

pagar

fizetni

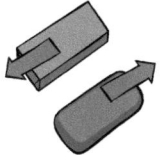

hacer negocios

kereskedni

el dinero

pénz

 **USD**

el dólar

dollár

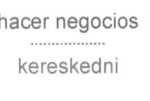 **EUR**

el euro

euró

 **JPY**

el yen

jen

 **RUB**

el rublo

rubel

 **CHF**

el franco suizo

svájci frank

 **CNY**

el yuan

kínai jüan

 **INR**

la rupia

rúpia

el cajero automático

bankautomata

la casa de cambio

valutaváltó iroda

el oro

arany

la plata

ezüst

el petróleo

olaj

la energía

energia

el precio

ár

el contrato

szerződés

el impuesto

adó

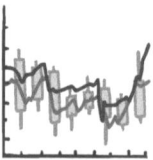

la acción

részvény

trabajar

dolgozni

el empleado

munkavállaló

el empleador

munkaadó

la fábrica

gyár

el negocio

üzlet

las ocupaciones
foglalkozások

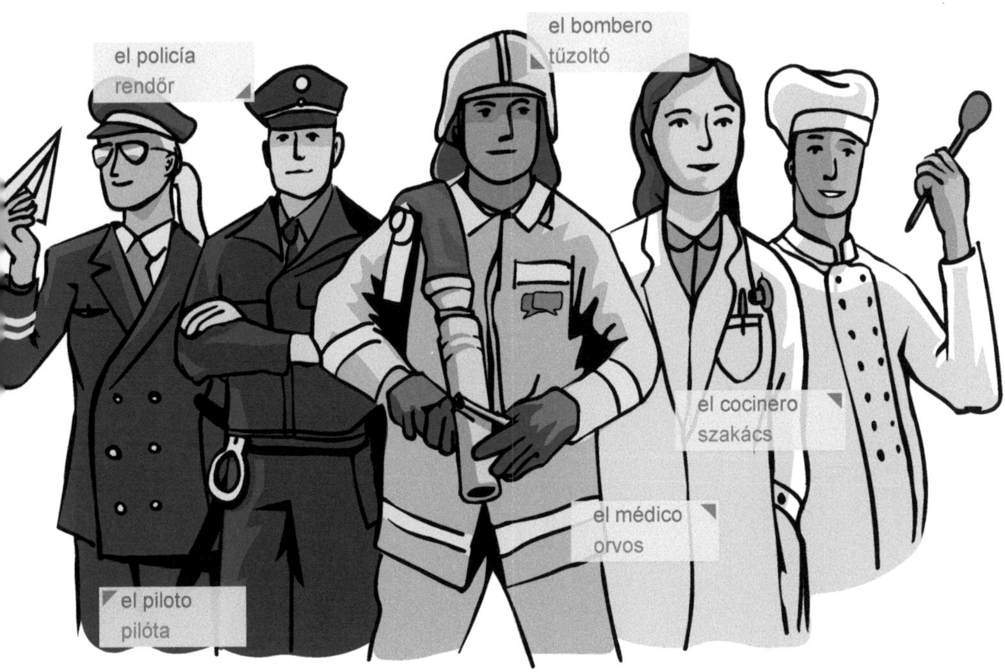
el bombero
tűzoltó
el policía
rendőr
el cocinero
szakács
el médico
orvos
el piloto
pilóta

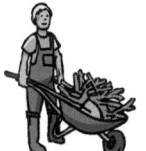

el jardinero

kertész

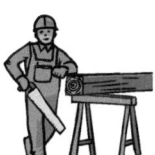

el carpintero

kárpitos

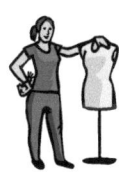

la modista

varrónő

el juez

bíró

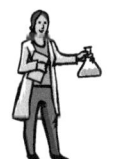

el farmacéutico

vegyész

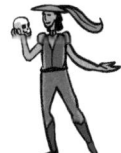

el actor

színész

el colectivero

buszsofőr

el taxista

taxisofőr

el pescador

halász

la mucama

bejárónő

el techista

tetőfedő

el mozo

pincér

el cazador

vadász

el pintor

festő

el panadero

pék

el electricista

villanyszerelő

el albañil

építőmunkás

el ingeniero

mérnök

el carnicero

hentes

el plomero

vízvezeték-szerelő

el cartero

postás

el soldado

katona

el arquitecto

építész

el cajero

eladó

el florista

virágos

el peluquero

fodrász

el cobrador

kalauz

el mecánico

műszerész

el capitán

kapitány

el dentista

fogorvos

el científico

tudós

el rabino

rabbi

el imán

imám

el monje

szerzetes

el sacerdote

lelkész

las herramientas
szerszámok

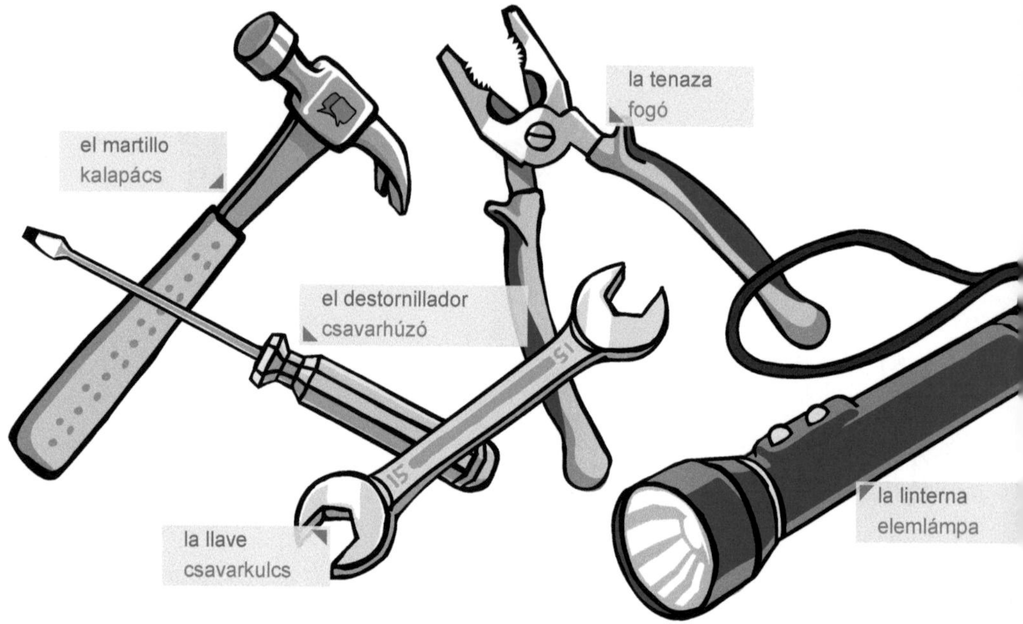
la tenaza
fogó
el martillo
kalapács
el destornillador
csavarhúzó
la llave
csavarkulcs
la linterna
elemlámpa

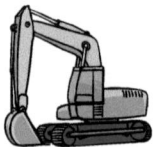

la excavadora

markológép

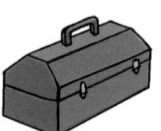

la caja de herramientas

szerszámosláda

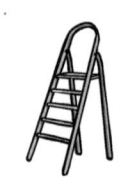

la escalera portátil

vödör

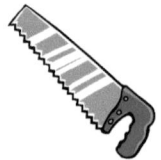

la sierra

fűrész

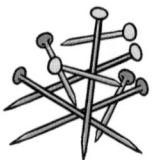

los clavos

szög

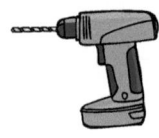

el taladro

fúrógép

arreglar

megjavítani

la pala de jardín

lapát

¡Qué bronca!

A francba!

la pala de plástico

szemétlapát

el tacho de pintura

festékesdoboz

los tornillos

csavar

los instrumentos musicales
hangszerek

el parlante
hangszóró

la batería
dobfelszerelés

la guitarra
gitár

el contrabajo
nagybőgő

la trompeta
trombita

el piano

zongora

el violín

hegedű

el bajo

basszusgitár

los timbales

üstdob

el tambor

dobok

el teclado

digitális zongora

el saxofón

szaxofon

la flauta

fuvola

el micrófono

mikrofon

el zoológico
állatkert

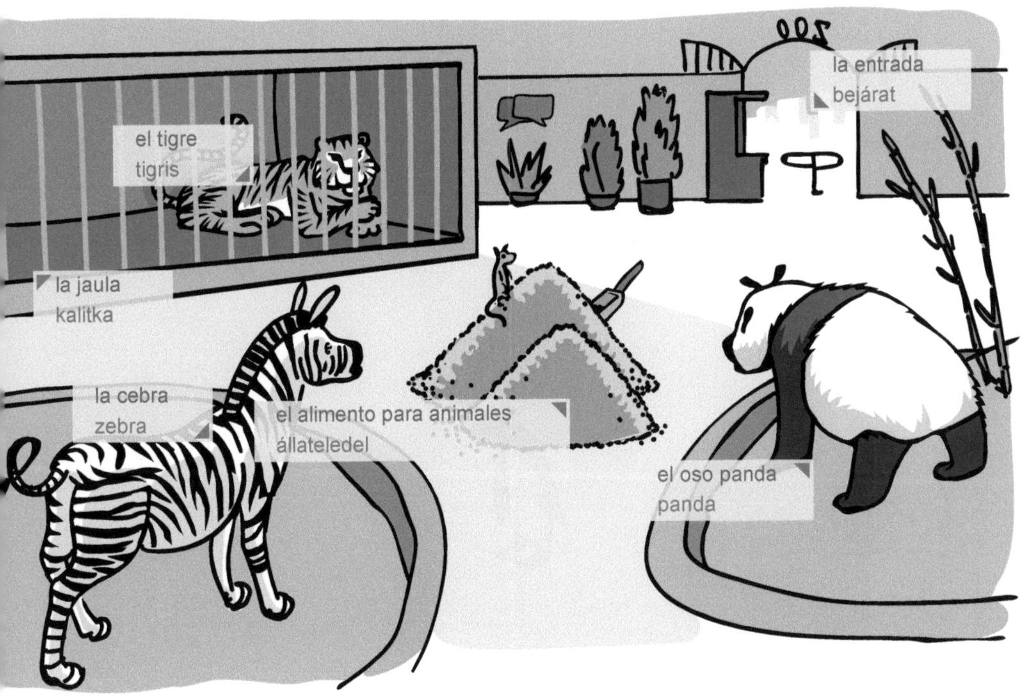
la entrada
bejárat
el tigre
tigris
la jaula
kalitka
la cebra
zebra
el alimento para animales
állateledel
el oso panda
panda

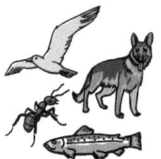

los animales

állatok

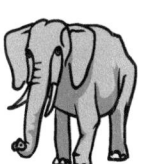

el elefante

elefánt

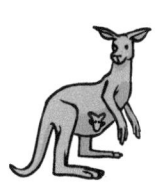

el canguro

kenguru

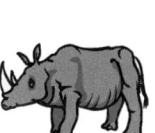

el rinoceronte

orrszarvú

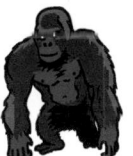

el gorila

gorilla

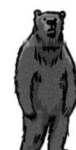

el oso

medve

el camello

teve

el avestruz

strucc

el león

oroszlán

el mono

majom

el flamenco

flamingó

el loro

papagáj

el oso polar

jegesmedve

el pingüino

pingvin

el tiburón

cápa

el pavo real

páva

la serpiente

kígyó

el cocodrilo

krokodil

el cuidador del zoológico

állatgondozó

la foca

fóka

el jaguar

jaguár

el zoológico - állatkert

el poni
póniló

el leopardo
leopárd

el hipopótamo
víziló

la jirafa
zsiráf

el águila
sas

el jabalí
vaddisznó

el pescado
hal

la tortuga
teknős

la morsa
rozmár

el zorro
róka

la gacela
gazella

el fútbol americano
amerikai futball

el ciclismo
kerékpározás

el tenis
tenisz

el básquet
kosárlabda

la natación
úszás

el boxeo
boksz

el hockey sobre hielo
jégkorong

el fútbol

futball

el bádminton

tollas

el atletismo

atlétika

el handball

kézilabda

el esquí

síelés

el polo

lovaspóló

las actividades
tevékenységek

reír
nevetni
saltar
ugrani
abrazar
ölelni
caminar
sétálni
cantar
énekelni
soñar
álmodni
rezar
dicsérni
besar
csókolni

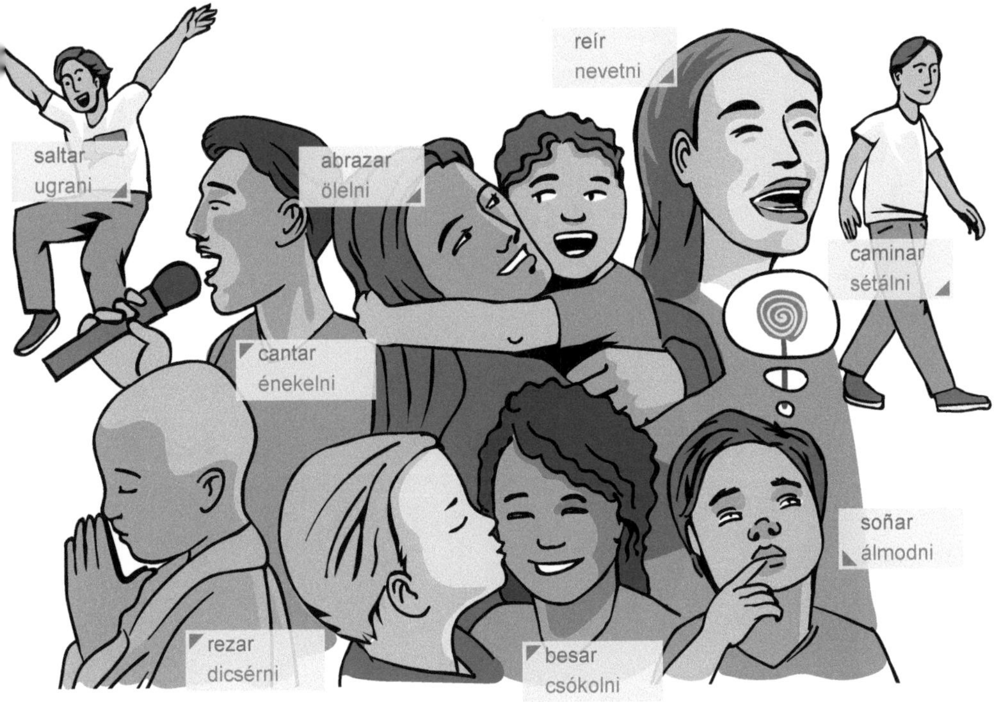

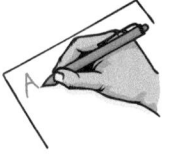

escribir

....

írni

dibujar

....

rajzolni

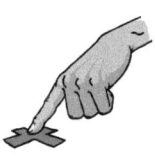

mostrar

....

mutatni

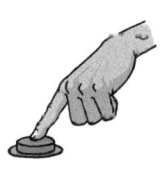

presionar

....

tolni

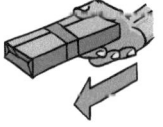

dar

....

adni

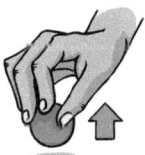

tomar

....

vinni

tener

birtokolni

hacer

csinálni

ser

lenni

estar parado

állni

correr

futni

tirar

húzni

tirar

hajít

caer

esni

estar acostado

hazudni

esperar

várni

llevar

vinni

estar sentado

ülni

vestirse

felvenni

dormir

aludni

despertar

felébredni

mirar
ránézni

llorar
sírni

acariciar
simogat

peinar
fésülni

hablar
beszélni

entender
megérteni

preguntar
kérdezni

escuchar
hallgatni

beber
inni

comer
enni

ordenar
takarítani

amar
szeretni

cocinar
főzni

manejar
vezetni

volar
szállni

navegar
vitorlázni

calcular
számol

leer
olvasni

aprender
tanulni

trabajar
dolgozni

casarse
házasodni

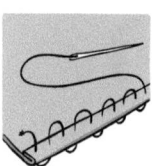

coser
varrni

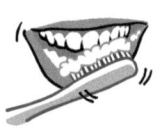

cepillarse los dientes
fogat mosni

matar
ölni

fumar
dohányozni

enviar
küldeni

las actividades - tevékenységek

la familia
család

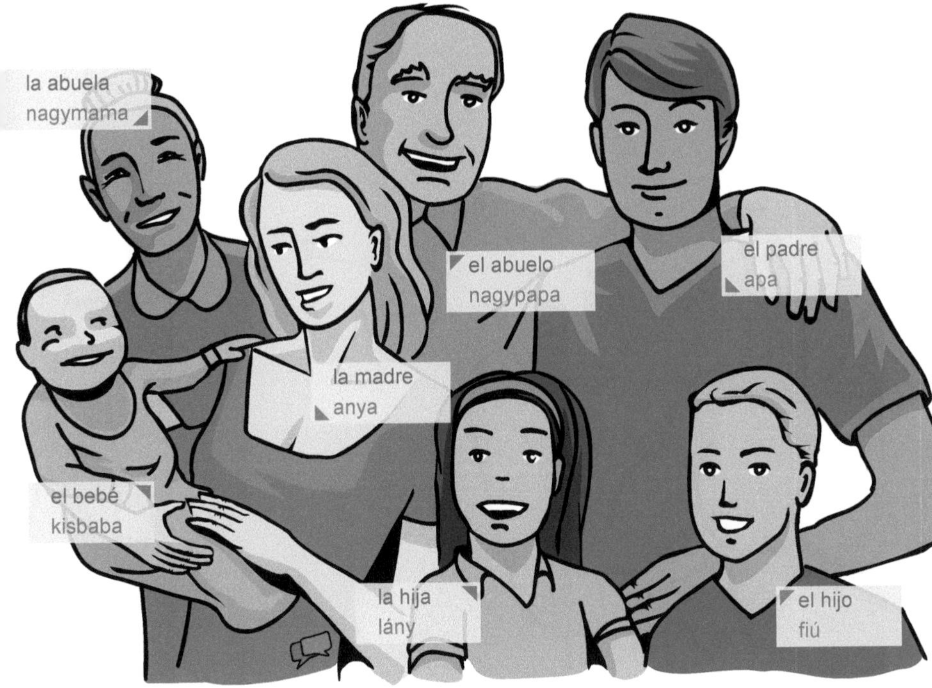
la abuela
nagymama
el abuelo
nagypapa
el padre
apa
la madre
anya
el bebé
kisbaba
la hija
lány
el hijo
fiú

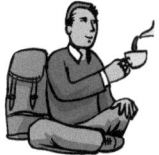

el invitado

vendég

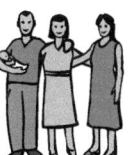

la tía

nagynéni

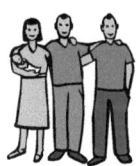

el tío

nagybácsi

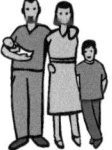

el hermano

fiútestvér

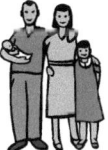

la hermana

lánytestvér

el cuerpo
test

la frente
homlok
el ojo
szem
el hombro
váll
el dedo
ujj
la cara
arc
la pera
áll
la mano
kéz
el pecho
mell
la pierna
láb
el brazo
kar

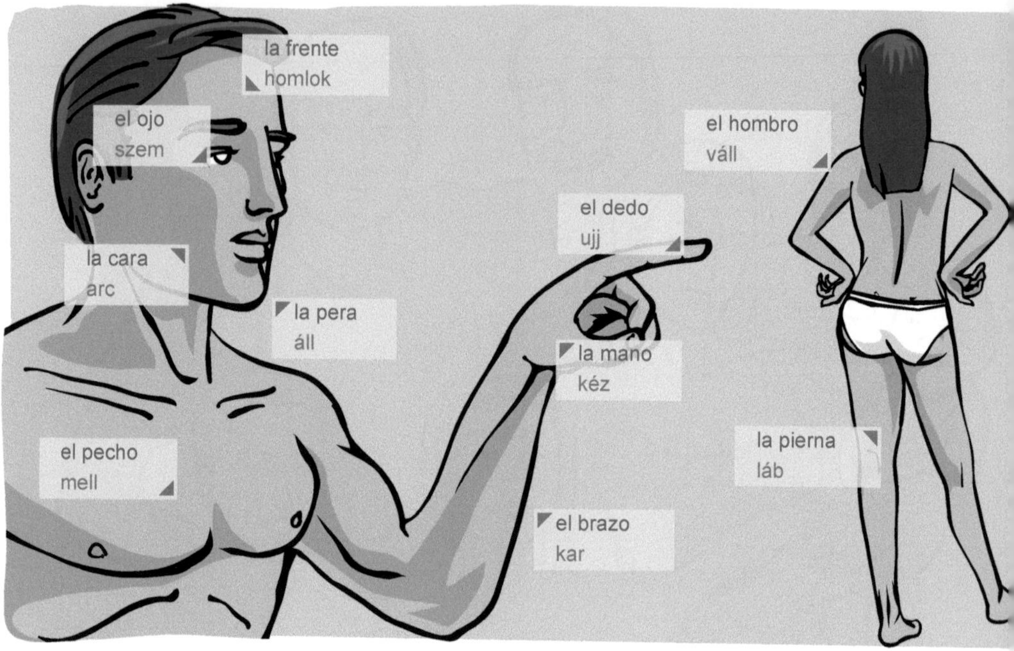

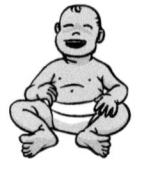

el bebé

kisbaba

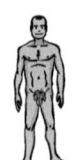

el hombre

ember

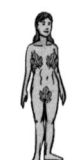

la mujer

nő

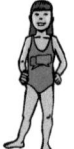

la nena

lány

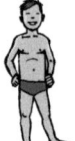

el nene

fiú

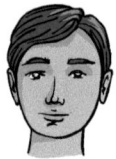

la cabeza

fej

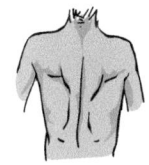

la espalda

hát

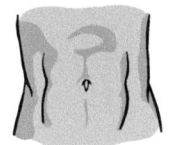

la panza

has

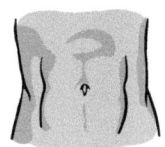

el ombligo

köldök

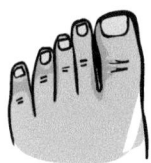

el dedo del pie

lábujj

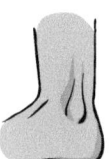

el talón

sarok

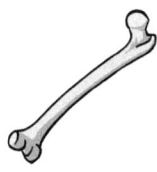

el hueso

csont

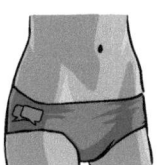

la cadera

csípő

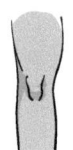

la rodilla

térd

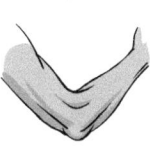

el codo

könyök

la nariz

orr

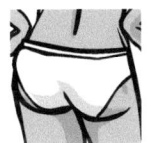

la cola

fenék

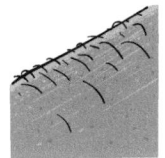

la piel

bőr

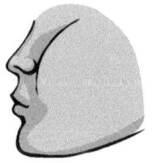

el cachete

orca

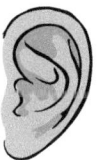

la oreja

fül

el labio

ajak

el cuerpo - test

69

la boca

száj

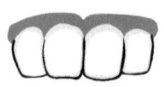

el diente

fog

la lengua

nyelv

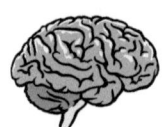

el cerebro

agy

el corazón

szív

el músculo

izom

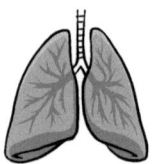

el pulmón

tüdő

el hígado

máj

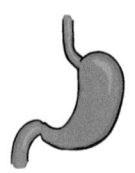

el estómago

gyomor

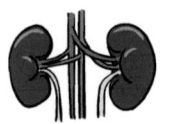

los riñones

vese

el sexo

szex

el preservativo

kondom

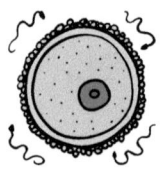

el óvulo

petesejt

el semen

sperma

el embarazo

terhesség

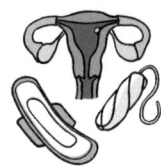

la menstruación

menstruáció

la vagina

vagina

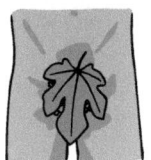

el pene

pénisz

la ceja

szemöldök

el pelo

haj

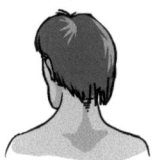

el cuello

nyak

el hospital
kórház

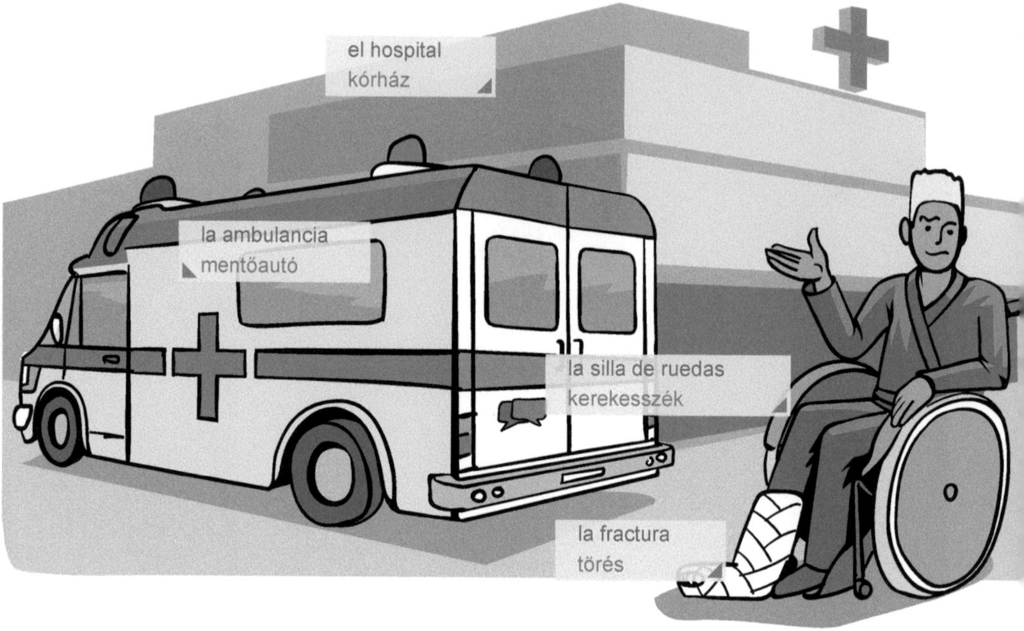

el hospital
kórház
la ambulancia
mentőautó
la silla de ruedas
kerekesszék
la fractura
törés

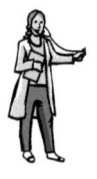

el médico

orvos

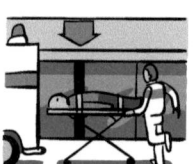

la sala de guardia

sürgősségi osztály

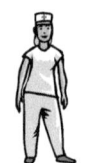

la enfermera

ápoló

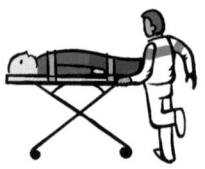

la emergencia

vészhelyzet

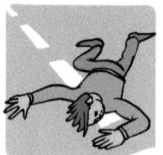

inconsciente

eszméletlen

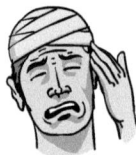

el dolor

fájdalom

la lesión

sérülés

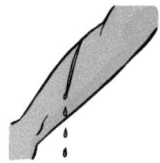

la hemorragia

vérzés

el infarto

szívroham

el ACV

szélütés

la alergia

allergia

la tos

köhögés

la fiebre

láz

la gripe

influenza

la diarrea

hasmenés

el dolor de cabeza

fejfájás

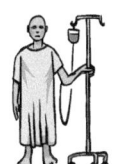

el cáncer

rák

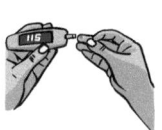

la diabetes

cukorbetegség

el cirujano

sebész

el bisturí

szike

la operaclón

műtét

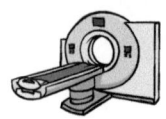

la TC
CT

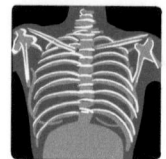

los rayos x
röntgen

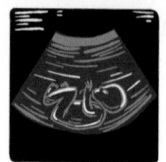

la ecografía
ultrahang

el barbijo
arcmaszk

la enfermedad
betegség

la sala de espera
váróterem

la muleta
mankó

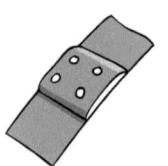

la curita
sebtapasz

la venda
kötszer

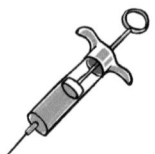

la inyección
injekció

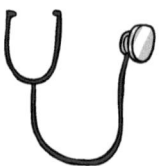

el estetoscopio
sztetoszkóp

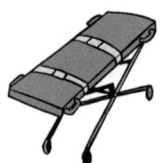

la camilla
hordágy

el termómetro
klinikai hőmérő

el nacimiento
születés

el sobrepeso
túlsúly

el audífono

hallókészülék

el desinfectante

fertőtlenítőszer

la infección

fertőzés

el virus

vírus

el VIH / SIDA

HIV/AIDS

el remedio

orvosság

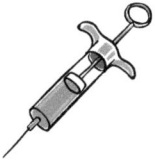

la vacunación

oltás

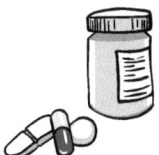

los comprimidos

tabletták

la pastilla anticonceptiva

tabletta

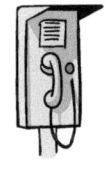

la llamada de emergencia

sürgősségi hívás

el tensiómetro

vérnyomásmérő

enfermo / sano

betegség / egészség

el hospital - kórház

¡Ayuda!

Segítség!

la alarma

riasztás

la agresión

rajtaütés

el ataque

támadás

el peligro

veszély

la salida de emergencia

vészkijárat

¡Fuego!

tűz!

el matafuego

tűzoltókészülék

el accidente

baleset

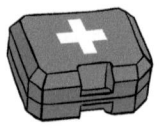

el botiquín de primeros auxilios

elsősegélycsomag

el SOS

SOS

la policía

rendőrség

Europa
Európa

América del Norte
Észak-Amerika

América del Sur
Dél-Amerika

África
Afrika

Asia
Ázsia

Australia
Ausztrália

el Atlántico
Atlanti-óceán

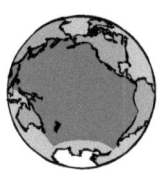

el Pacífico
Csendes-óceán

el Océano Índico
Indiai-óceán

el Océano Antártico
Déli-óceán

el Océano Ártico
Jeges-tenger

el polo norte
Északi-sark

el polo sur

Déli-sark

la Antártida

Antarktisz

la Tierra

föld

la tierra

szárazföld

el mar

tenger

la isla

sziget

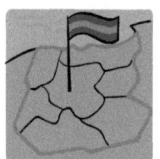

la nación

nemzet

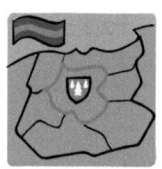

el estado

állam

la esfera

számlap

la manecilla de las horas

kismutató

el minutero

nagymutató

el segundero

másodpercmutató

¿Qué hora es?

Mennyi az idő?

el día

nap

la hora

idő

ahora

most

el reloj digital

digitális óra

el minuto

perc

la hora

óra

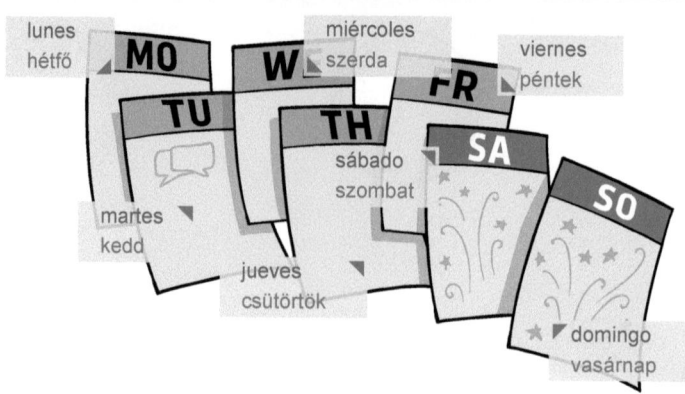

lunes
hétfő

miércoles
szerda

viernes
péntek

martes
kedd

sábado
szombat

jueves
csütörtök

domingo
vasárnap

ayer

tegnap

hoy

ma

mañana

holnap

la mañana

reggel

el mediodía

dél

la tarde

este

los días hábiles

hétköznap

el fin de semana

hétvége

el año
év

la lluvia
eső
el arco iris
szivárvány
la nieve
hó
el viento
szél
la primavera
tavasz
el otoño
ősz
el verano
nyár
el invierno
tél

4.APRIL 11°
5.APRIL 4°
6.APRIL 13°
7.APRIL 8°
8.APRIL 10°

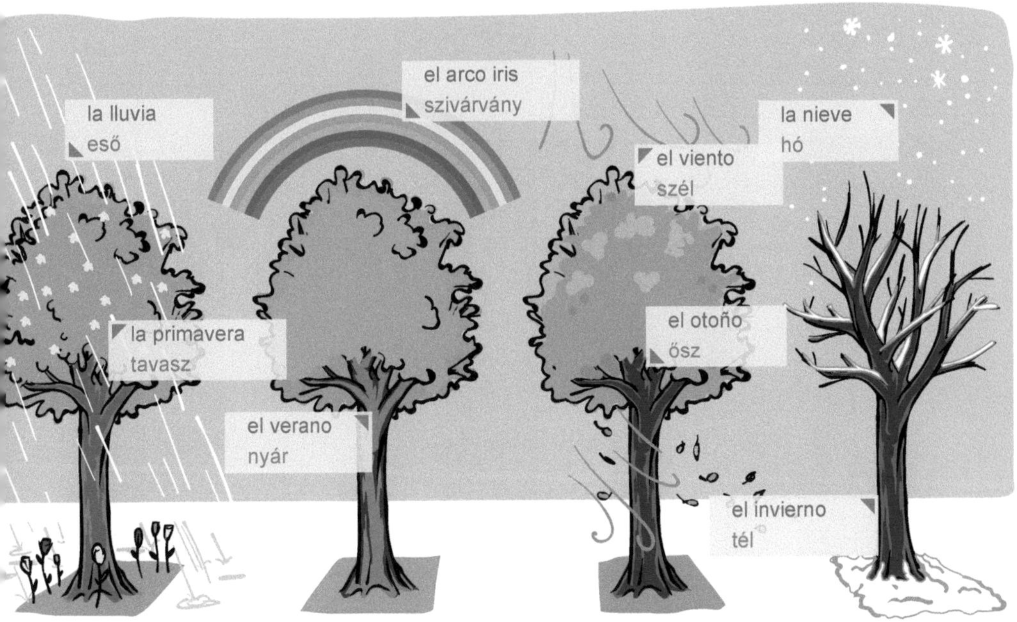

pronóstico meteorológico
időjárás előrejelzés

F C
120 90 60 30 0 -30
40 30 20 10 0 -10 -20

el termómetro
hőmérő

la luz del sol
napsütés

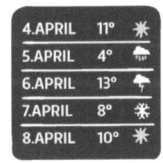

la nube
felhő

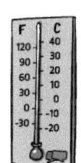

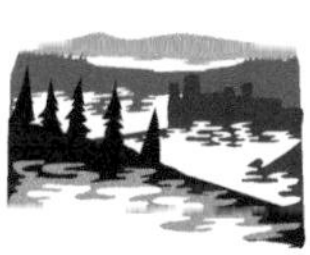

la niebla
köd

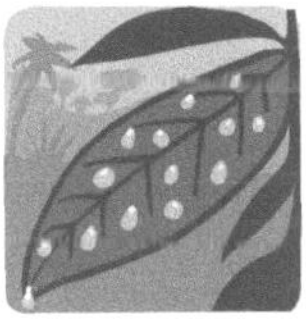

la humedad
páratartalom

el rayo

villámlás

el trueno

mennydörgés

la tormenta

vihar

el granizo

jégeső

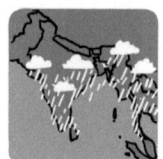

el monzón

monszun

la inundación

áradás

el hielo

jég

enero

január

febrero

február

marzo

március

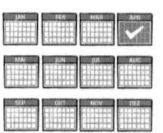

abril

április

mayo

május

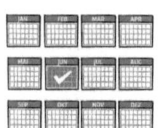

junio

június

julio

július

agosto

augusztus

el año - év

septiembre
....
szeptember

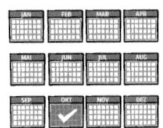

octubre
....
október

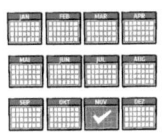

noviembre
....
november

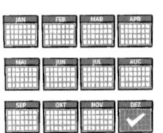

diciembre
....
december

las formas
alakzatok

el círculo
....
kör

el cuadrado
....
négyzet

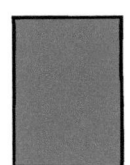

el rectángulo
....
téglalap

el triángulo
....
háromszög

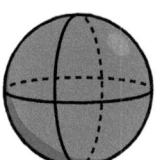

la esfera
....
gömb

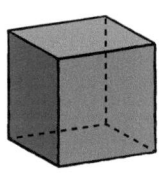

el cubo
....
kocka

blanco
fehér

amarillo
sárga

naranja
narancs

rosa
rózsaszín

rojo
piros

violeta
lila

azul
kék

verde
zöld

marrón
barna

gris
szürke

negro
fekete

mucho / poco

sok / kevés

enojado / tranquilo

mérges / nyugodt

lindo / feo

szép / csúnya

el principio / el fin

kezdet / vég

grande / chico

nagy / kicsi

claro / oscuro

világos / sötét

el hermano / la hermana

fivér / nővér

limpio / sucio

tiszta / koszos

completo / incompleto

teljes / nem teljes

el día / la noche

nappal / éjszaka

muerto / vivo

halott / élő

ancho / angosto

széles / keskeny

comestible / no comestible

ehető / nem ehető

malo / amable

gonosz / kedves

entusiasmado / aburrido

izgatott / unott

gordo / flaco

kövér / vékony

primero / último

első / utolsó

el amigo / el enemigo

barát / ellenség

lleno / vacío

teli / üres

duro / blando

kemény / puha

pesado / liviano

nehéz / könnyű

el hambre / la sed

éhség / szomjúság

enfermo / sano

betegség / egészség

ilegal / legal

illegális / legális

inteligente / estúpido

intelligens / buta

izquierda / derecha

bal / jobb

cerca / lejos

közel / távol

nuevo / usado

új / használt

nada / algo

semmi / valami

viejo / joven

idős / fiatal

encendido / apagado

be / ki

abierto / cerrado

nyitva / zárva

silencioso / ruidoso

csendes / hangos

rico / pobre

gazdag / szegény

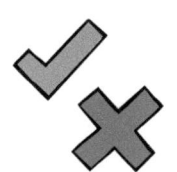

correcto / incorrecto

helyes / helytelen

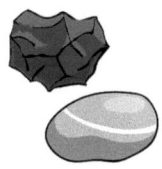

áspero / suave

érdes / sima

triste / contento

szomorú / vidám

corto / largo

rövid / hosszú

lento / rápido

lassú / gyors

mojado / seco

nedves / száraz

caliente / frío

meleg / hideg

guerra / paz

háború / béke

0	**1**	**2**
cero	uno	dos
nulla	egy	kettő

3	**4**	**5**
tres	cuatro	cinco
három	négy	öt

6	**7**	**8**
seis	siete	ocho
hat	hét	nyolc

9	**10**	**11**
nueve	diez	once
kilenc	tíz	tizenegy

12

doce

tizenkettö

13

trece

tizenhárom

14

catorce

tizennégy

15

quince

tizenöt

16

dieciséis

tizenhat

17

diecisiete

tizenhét

18

dieciocho

tizennyolc

19

diecinueve

tizenkilenc

20

veinte

húsz

100

cien

száz

1.000

mil

ezer

1.000.000

el millón

millió

el inglés

angol

el inglés americano

amerikai angol

el chino mandarín

mandarin kínai

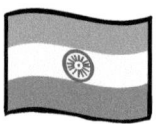

el hindi

hindi

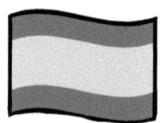

el español

spanyol

el francés

francia

el árabe

arab

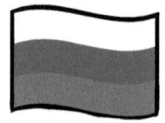

el ruso

orosz

el portugués

portugál

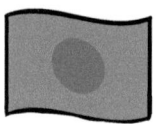

el bengalí

bengáli

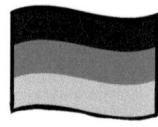

el alemán

német

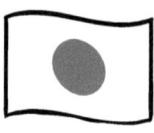

el japonés

japán

yo
én

vos
te

él / ella
ő

nosotros
mi

ustedes
ti

ellos
ök

¿quién?
ki?

¿qué?
mi?

¿cómo?
hogyan?

¿dónde?
hol?

¿cuándo?
mikor?

el nombre
név

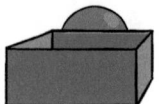

detrás

mögött

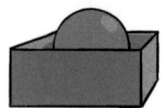

en

benne

adelante de

elötte

por encima de

felette

sobre

rajta

debajo de

alatta

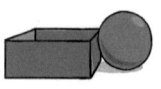

al lado de

mellett

entre

között

el lugar

hely